DOGS  PERROS

By/Por GAIL WILLIAMS

Illustrations by/Ilustraciones por SUZIE MASON

Music by/Música por MARK OBLINGER

CANTATA
LEARNING

WWW.CANTATALEARNING.COM

CANTATA LEARNING

Published by Cantata Learning
1710 Roe Crest Drive
North Mankato, MN 56003
www.cantatalearning.com

Library of Congress Cataloging-in-Publication Data

Names: Williams, Gail, 1944– author. | Mason, Suzie, illustrator. | Oblinger,
Mark, composer. | Williams, Gail, 1944– Dogs. | Williams, Gail, 1944-
Dogs. Spanish.

Title: Dogs / by Gail Williams ; illustrations by Suzie Mason ; music by Mark
Oblinger = Perros / por Gail Williams ; ilustraciones por Suzie Mason ;
musica por Mark Oblinger.

Other titles: Perros

Description: North Mankato, MN : Cantata Learning, [2019] | Series: Pets! =
Las mascotas! | Text in English and Spanish. | Includes lyrics and sheet
music. | Audience: Ages 4–7. | Includes bibliographical references.

Identifiers: LCCN 2017056430 (print) | LCCN 2018002225 (ebook) | ISBN
9781684102730 (eBook) | ISBN 9781684102495 (hardcover : alk. paper)

Subjects: LCSH: Dogs--Juvenile literature. | Children's songs, English.

Classification: LCC SF426.5 (ebook) | LCC SF426.5 .W5394 2018 (print) | DDC
636.7--dc23

LC record available at https://lccn.loc.gov/2017056430

Book design and art direction, Tim Palin Creative
Editorial direction, Kellie M. Hultgren
Music direction, Elizabeth Draper
Music arranged and produced by Mark Oblinger

Printed in the United States of America.
0390

ACCESS THE MUSIC!
SCAN CODE WITH MOBILE APP
CANTATALEARNING.COM

TIPS TO SUPPORT LITERACY AT HOME

Daily reading and singing with your child are fun and easy ways to build early literacy and language development.

USING CANTATA LEARNING BOOKS AND SONGS DURING YOUR DAILY STORY TIME

1. As you sing and read, point out the different words on the page that rhyme.

2. Memorize simple rhymes such as Itsy Bitsy Spider and sing them together.

3. Use the critical thinking questions in the back of each book to guide your singing and storytelling.

4. Follow the notes and words in the included sheet music with your child while you listen to the song.

5. Access music by scanning the QR code on each Cantata book. You can also stream or download the music for free to your computer, smartphone, or mobile device.

Devoting time to daily reading shows that you are available for your child. Together, you are building language, literacy, and listening skills.

Have fun reading and singing!

CONSEJOS PARA APOYAR LA ALFABETIZACIÓN EN EL HOGAR

Leer y cantar diariamente con su hijo son maneras divertidas y fáciles de promover la alfabetización temprana y el desarrollo del lenguaje.

USO DE LIBROS Y CANCIONES DE CANTATA DURANTE SU TIEMPO DIARIO DE LECTURA DE CUENTOS

1. Mientras canta y lee, señale las diferentes palabras en la página que riman.

2. Memorice rimas simples como Itsy Bitsy Spider y cántenlas juntos.

3. Use las preguntas críticas para pensar en la parte posterior de cada libro para guiar su canto y relato del cuento.

4. Siga las notas y las palabras en la partitura de música incluida con su hijo mientras escuchan la canción.

5. Acceda la música al escanear el código QR en cada libro de Cantata. Además, puede transmitir o bajar la música gratuitamente a su computadora, teléfono inteligente o dispositivo móvil.

Dedicar tiempo a la lectura diaria muestra que usted está disponible para su hijo. Juntos, están desarrollando el lenguaje, la alfabetización y destrezas de comprensión auditiva.

¡Diviértanse leyendo y cantando!

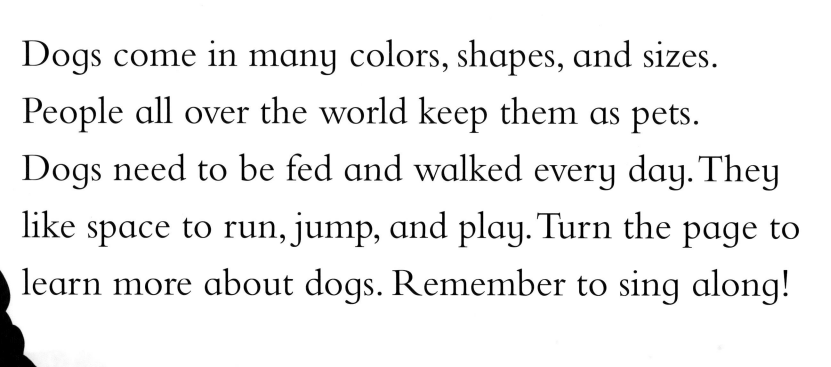

Dogs come in many colors, shapes, and sizes. People all over the world keep them as pets. Dogs need to be fed and walked every day. They like space to run, jump, and play. Turn the page to learn more about dogs. Remember to sing along!

ADOPT A DOG.

Los perros son de muchos colores, formas y tamaños. Personas en todo el mundo los quieren como mascotas. Los perros necesitan ser alimentados y necesitan salir a caminar todos los días. Les gustan los espacios grandes para correr, saltar y jugar. Da vuelta la página para aprender más sobre los perros. ¡Recuerda cantar la canción!

Wagging **tails** and friendly licks
make dogs a perfect pet to pick.
Are its ears short? Is your pup tall?
Is your dog big, or is it small?

Colas meneadoras y lamidas amistosas
hacen a los perros una perfecta mascota.
¿Son sus orejas cortas? ¿Es tu cachorro altito?
¿Es tu perro grande o es chiquitito?

"Woof! Woof! Woof!" your dog will say.
"Arf! Arf! Arf! Do you want to play?"
Yes, dogs do. They run, run, run!
These furry friends bring so much fun.

8

"¡Guau! ¡Guau! ¡Guau!" dice tu perro al hablar.

"¡Arf! ¡Arf! ¡Arf! ¿Quieres jugar?"

Sí, lo hacen. ¡Ellos corren, corren, corren!

Los amigos peludos, cómo se divierten.

Feed your dog twice every day.
Keep people food out of its way.
Give it dog food and water, too,
and special tasty treats to chew.

Alimenta tu perro dos veces al día.
Mantén la comida de la gente escondida.
Da a tu perro alimentos y agua también
y cositas especiales para masticar bien.

"Woof! Woof! Woof!" your dog will say.
"Arf! Arf! Arf! Do you want to play?"
Yes, dogs do. They run, run, run!
These furry friends bring so much fun.

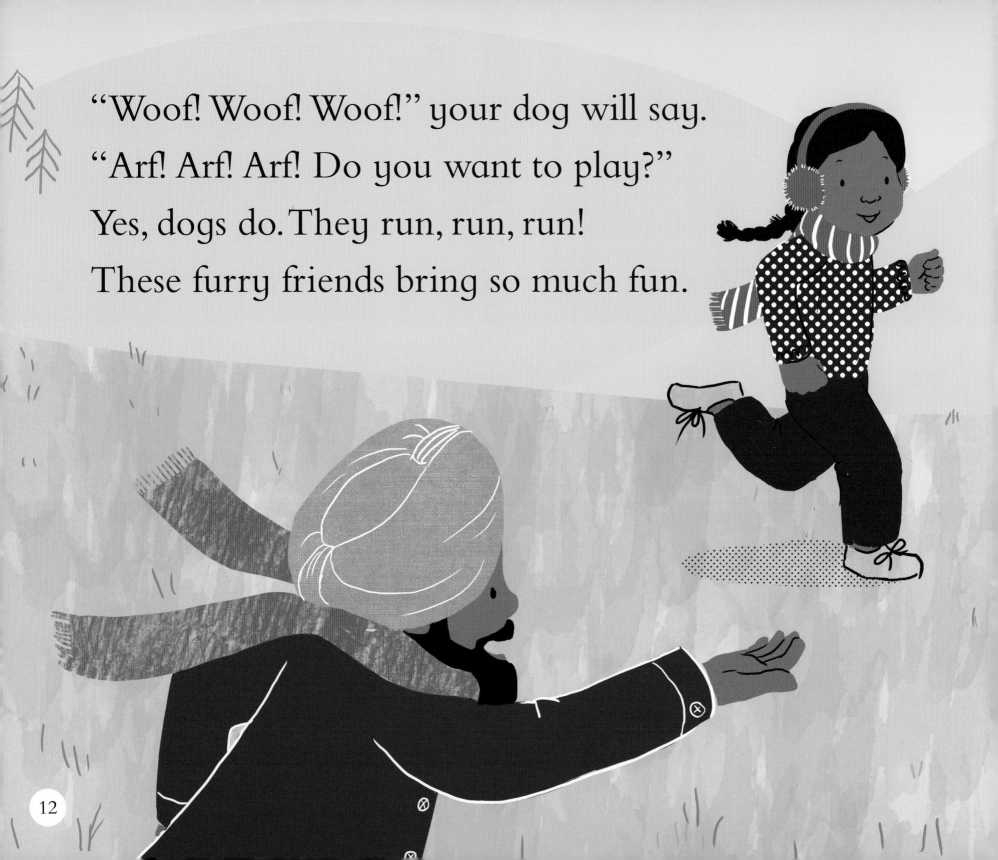

"¡Guau! ¡Guau! ¡Guau!" dice tu perro al hablar.

"¡Arf! ¡Arf! ¡Arf! ¿Quieres jugar?"

Sí, lo hacen. ¡Ellos corren, corren, corren!

Los amigos peludos, cómo se divierten.

Dogs need homes both warm and dry.

Some dogs are **frisky**. Some are shy.

A **cozy** bed and a special toy

will make your dog's tail wag with joy!

Perros necesitan casas calientes y secas.

Algunos son **vivarachos**. Otros hacen muecas.

¡Una cama **acogedora** y un juguete especial,

hacen la cola del perro menear!

"Woof! Woof! Woof!" your dog will say.

"Arf! Arf! Arf! Do you want to play?"

Yes, dogs do. They run, run, run!

These furry friends bring so much fun.

"¡Guau! ¡Guau! ¡Guau!" dice tu perro al hablar.

"¡Arf! ¡Arf! ¡Arf! ¿Quieres jugar?"

Sí, lo hacen. ¡Ellos corren, corren, corren!

Los amigos peludos, cómo se divierten.

Dogs need exercise each day.
Walk your pup, or run and play.
Throw a stick or toss a ball.
Your furry friend will love it all!

18

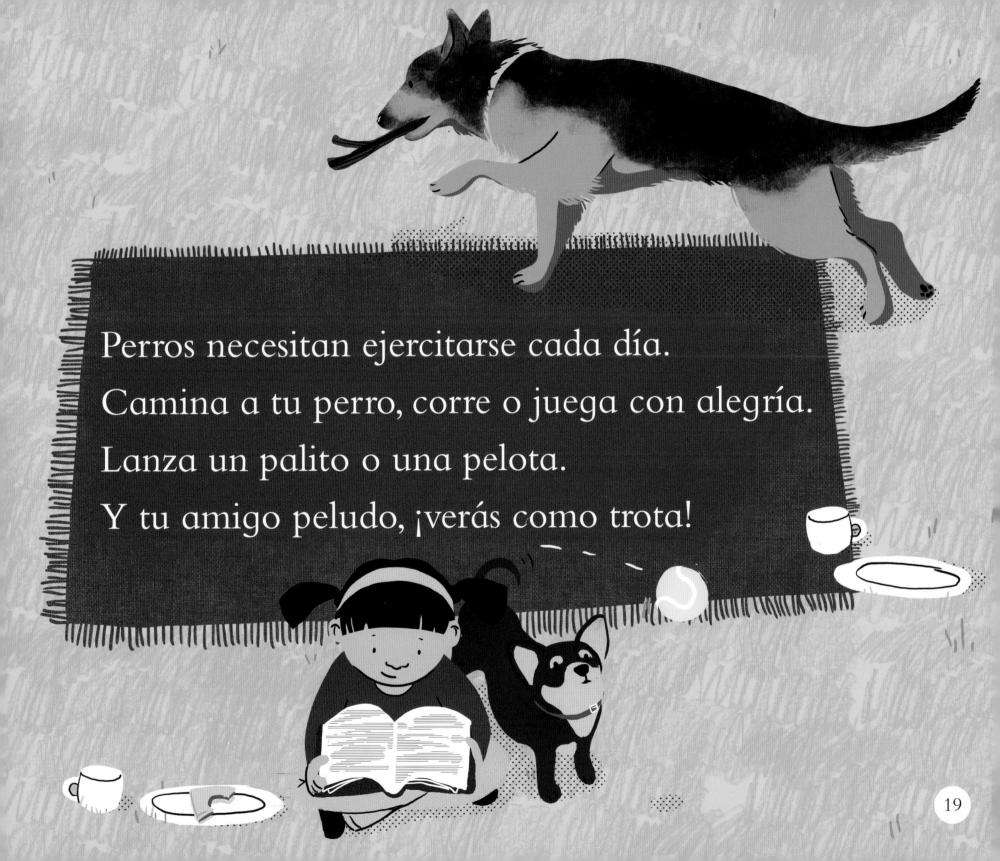

Perros necesitan ejercitarse cada día.

Camina a tu perro, corre o juega con alegría.

Lanza un palito o una pelota.

Y tu amigo peludo, ¡verás como trota!

"Woof! Woof! Woof!" your dog will say.

"Arf! Arf! Arf! Do you want to play?"

Yes, dogs do. They run, run, run!

These furry friends bring so much fun.

"¡Guau! ¡Guau! ¡Guau!" dice tu perro al hablar.

"¡Arf! ¡Arf! ¡Arf! ¿Quieres jugar?"

Sí, lo hacen. ¡Ellos corren, corren, corren!

Los amigos peludos, cómo se divierten.

SONG LYRICS
Dogs/Perros

Wagging tails and friendly licks
make dogs a perfect pet to pick.
Are its ears short? Is your pup tall?
Is your dog big, or is it small?

Colas meneadoras y lamidas amistosas
hacen a los perros una perfecta
mascota.
¿Son sus orejas cortas? ¿Es tu
cachorro altito?
¿Es tu perro grande o es chiquitito?

"Woof! Woof! Woof!" your dog will say.
"Arf! Arf! Arf! Do you want to play?"
Yes, dogs do. They run, run, run!
These furry friends bring so much fun.

"¡Guau! ¡Guau! ¡Guau!" dice tu perro
al hablar.
"¡Arf! ¡Arf! ¡Arf! ¿Quieres jugar?"
Sí, lo hacen. ¡Ellos corren, corren, corren!
Los amigos peludos, cómo se divierten.

Feed your dog twice every day.
Keep people food out of its way.
Give it dog food and water, too,
and special tasty treats to chew.

Alimenta tu perro dos veces al día.
Mantén la comida de la gente
escondida.

Da a tu perro alimentos y agua
también
y cositas especiales para masticar bien.

"Woof! Woof! Woof!" your dog will say.
"Arf! Arf! Arf! Do you want to play?"
Yes, dogs do. They run, run, run!
These furry friends bring so much fun.

"¡Guau! ¡Guau! ¡Guau!" dice tu perro
al hablar.
"¡Arf! ¡Arf! ¡Arf! ¿Quieres jugar?"
Sí, lo hacen. ¡Ellos corren, corren, corren!
Los amigos peludos, cómo se divierten.

Dogs need homes both warm and dry.
Some dogs are frisky. Some are shy.
A cozy bed and a special toy
will make your dog's tail wag with joy!

Perros necesitan casas calientes y secas.
Algunos son vivarachos. Otros hacen
muecas.
¡Una cama acogedora y un juguete
especial,
hacen la cola del perro menear!

"Woof! Woof! Woof!" your dog will say.
"Arf! Arf! Arf! Do you want to play?"
Yes, dogs do. They run, run, run!
These furry friends bring so much fun.

"¡Guau! ¡Guau! ¡Guau!" dice tu perro
al hablar.
"¡Arf! ¡Arf! ¡Arf! ¿Quieres jugar?"
Sí, lo hacen. ¡Ellos corren, corren, corren!
Los amigos peludos, cómo se divierten.

Dogs need exercise each day.
Walk your pup, or run and play.
Throw a stick or toss a ball.
Your furry friend will love it all!

Perros necesitan ejercitarse cada día.
Camina a tu perro, corre o juega con
alegría.
Lanza un palito o una pelota.
Y tu amigo peludo, ¡verás como trota!

"Woof! Woof! Woof!" your dog will say.
"Arf! Arf! Arf! Do you want to play?"
Yes, dogs do. They run, run, run!
These furry friends bring so much fun.

"¡Guau! ¡Guau! ¡Guau!" dice tu perro
al hablar.
"¡Arf! ¡Arf! ¡Arf! ¿Quieres jugar?"
Sí, lo hacen. ¡Ellos corren, corren, corren!
Los amigos peludos,
cómo se divierten.

Dogs / Perros

Trad Jazz
Mark Oblinger

Verse / Verso

1. Wag- ging tails and friend-ly licks make dogs a per-fect pet to pick. Are its ears short?

Is your pup tall? Is your dog big, or is it small?

Co- las me-ne-a-dor-as y la-mi-das a-mis-to-sas, ha-cen a los pe-rros u-na per-fec-ta mas-co- ta.

¿Son sus o-re-jas cor- tas? ¿Es tu ca-cho-rro al-ti- to? ¿Es tu pe-rro gran-de o es chi-qui-ti- to?

Chorus / Estribillo

"Woof! Woof! Woof!" your dog will say. "Arf! Arf! Arf! Do you want to play?" Yes, dogs do. They

run, run, run! These fur-ry friends bring so much fun.

"¡Guau! ¡Guau! ¡Guau!", di- ce tu pe-rro al ha-blar. "¡Arf! ¡Arf! ¡Arf! ¿Quie-res ju-gar?" Sí, lo ha-cen. ¡E-llos co-rren, co-rren, co-rren!

Los a- mi- gos pe- lu-dos, ¡có- mo se di-vier- ten!

Verse 2
Feed your dog twice every day.
Keep people food out of its way.
Give it dog food and water, too,
and special tasty treats to chew.

Alimenta tu perro dos veces al día.
Mantén la comida de la gente escondida.
Da a tu perro alimentos y agua también,
y cositas especiales para masticar bien.

Chorus

Verse 3
Dogs need homes both warm and dry.
Some dogs are frisky. Some are shy.
A cozy bed and a special toy
will make your dog's tail wag with joy!

Perros necesitan casas calientes y secas.
Algunos son vivarachos. Otros hacen muecas.
¡Una cama acogedora y un juguete especial,
hacen la cola del perro menear!

Chorus

Verse 4
Dogs need exercise each day.
Walk your pup, or run and play.
Throw a stick or toss a ball.
Your furry friend will love it all!

Perros necesitan ejercitarse cada día.
Camina a tu perro, corre o juega con alegría.
Lanza un palito o una pelota.
Y tu amigo peludo, ¡verás como trota!

Chorus

GLOSSARY / GLOSARIO

cozy—warm and comfortable
acogedora—agradable y cómoda

frisky—playful and active
vivaracho—juguetón y activo

tail—rear part of a dog
cola—parte de atrás de un perro

CRITICAL THINKING QUESTION

If you created your own dog, what kind of ears, fur, and tail would it have? Draw that dog and give it a name. Write a few sentences that tell about a funny thing you've seen that dog do.

PREGUNTA DE PENSAMIENTO CRÍTICO

Si crearas a tu propio perro, ¿qué tipo de orejas, pelaje y cola tendría? Dibuja ese perro y dale un nombre. Escribe unas pocas oraciones para contar algo gracioso que has visto hacer a ese perro.

FURTHER READING / OTROS LIBROS

Bort, Fernando. *Los perros.* Cataño, Puerto Rico: Ediciones SM, 2014.

Dickmann, Nancy. *A Dog's Life.* North Mankato, MN: Capstone, 2011.

Gardeski, Christina Mia. *Dogs: Questions and Answers.* North Mankato, MN: Capstone, 2017.

Shores, Erika L. *Pet Dogs Up Close.* North Mankato, MN: Capstone, 2015.